AF567761

Susanne Pypke

DAS BASTELBUCH für die ALLERKLEINSTEN

Malen & Stempeln

Inhalt

Kritzeln und Malen 8
Pusteblume 10
Ballon 11
Schildkröten 12
Herz-Doodle 14
Schneeflocken 15
Regenbogenwolke 16
Hase 18
Vogel im Nest 19
Malen auf Stoff 20
Löwe 22
Pinguin 23
Regenbogentasche 24

Drucken und Stempeln . . 26
Erdbeere und Ananas 28
Bauklotz-Roboter 30
Dino 31
Schmetterlinge 32
Blumendruck 34
Bunte Eisenbahn 36
Wipp-Schnecke 37
Schneemann 38
Apfel-Girlande 39
Leckere Eistüte 40
Fruchtige Melonen 41
Vögelchen 42

Klecksen und Experimentieren 44
Chamäleon 46
Blumen 48
Krone 50
Laterne 51
Wimpelkette 52
Monsterspiel 54
Fächer 55
Malen mit Faden 56
Qualle 58
Kaktus 59
Kratzbilder 60
Klecks-Käfer 61

Basteln mit Kindern 62
Gute Vorbereitung ist alles 64
Bastelbasics 66
Vorlagen 68
Buchtipps für dich 74
Impressum 76

Kritzeln, malen, klecksen!

Leuchtendes Rot, kühles Blau, frisches Grün und fröhliches Gelb - Farben wecken vielfältige Emotionen und begeistern uns mit allen Sinnen. Schon die Kleinsten haben eine Lieblingsfarbe und wissen genau, was ihnen gefällt. Beim Malen und Zeichnen lassen sich die Farben mit den Händen fassen. In Form von Farbnäpfchen, Buntstiften, Kreiden, Fingerfarben oder Fasermalern werden sie für die Kinder greifbar. Sie geben den Kindern die Möglichkeit, das Spiel der Farben zu erleben und ganz allmählich auch ihrer Fantasie und Vorstellung Ausdruck zu verleihen.

Schon die Kleinsten können mit Farben klecksen und malen. Ab etwa einem Jahr kann ein Kind einen Stift mit dem Faustgriff halten. Bis aus den ersten zufälligen Zeichnungen aber richtige Bilder werden, dauert es noch ein bisschen. Doch schon die ersten Kritzeleien helfen dem Kind, den Zusammenhang zwischen Handbewegung und Augenbewegung zu trainieren. Und damit beginnt der lange Weg zum Schreiben und künstlerischen Malen.

Die Modelle in diesem Buch sind so gestaltet, dass schon die Kleinsten mitmachen können. Darum steht vor allem das Erleben der Farbe im Vordergrund. Dieses Buch will keine Zeichen- oder Malschule sein. Es wird gekritzelt, gekleckst, gefärbt, gestempelt, gedruckt und mit verschiedenen Farben experimentiert. Und damit am Ende kein dicker Stapel mit bunten Papieren vor den Kindern liegt, wird das selbst gestaltete Papier gleich im Anschluss verbastelt - natürlich in einer altersgerechten Bastelidee.

Ich wünsche viel Spaß auf der Entdeckungsreise ins Land der Farben und Formen!

KRITZELN UND MALEN

Pusteblume

DU BRAUCHST

* Pappteller, eckig, 13 cm x 20 cm
* Finger- oder Wasserfarben
* Filzstift in Schwarz

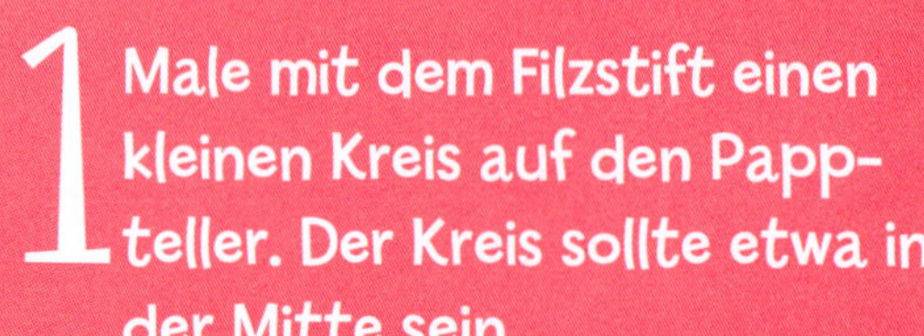
1 Male mit dem Filzstift einen kleinen Kreis auf den Pappteller. Der Kreis sollte etwa in der Mitte sein.

2 Nun malst du vom Kreis einen langen Stängel nach unten bis zum Rand des Tellerbodens.

3 Male viele kleine Striche um den Kreis, die in alle Richtungen zeigen.

4 Tupfe mit dem Finger bunte Punkte um den Kreis, sodass eine schöne Pusteblume entsteht.

DU BRAUCHST

* Pappteller, eckig, 17 cm x 23 cm
* Schreibpapier
* Bild mit bunter Kritzelei
* Bastelfarbe in Hellblau und Weiß
* Filzstift in Schwarz
* Schere
* Bleistift
* Klebstoff

Vorlage auf Seite 68

1 Knülle das Schreibpapier zu einer Kugel und tupfe damit die hellblaue Farbe für den Himmel auf den Pappteller.

2 Tupfe dann die weiße Farbe auf, sodass die weißen Wolken entstehen. Gut trocknen lassen.

3 Schneide den Luftballon aus dem Pappteller aus und male mit dem Filzstift die Schnur auf.

4 Schneide eine schöne Stelle aus dem Kritzelbild aus und klebe sie hinter den Luftballonausschnitt.

Schildkröten

DU BRAUCHST

* Muffinförmchen aus Papier in Weiß
* Tonkartonreste in Blau oder Hellgrün
* Bastelfarbe oder Abtönfarbe
* 9 Wattestäbchen
* Haushaltsgummi
* Schere
* Bleistift
* Wattebausch

Vorlage auf Seite 68

TIPP
Male der Schildkröte mit Filzstiften oder Markern ein Gesicht auf.

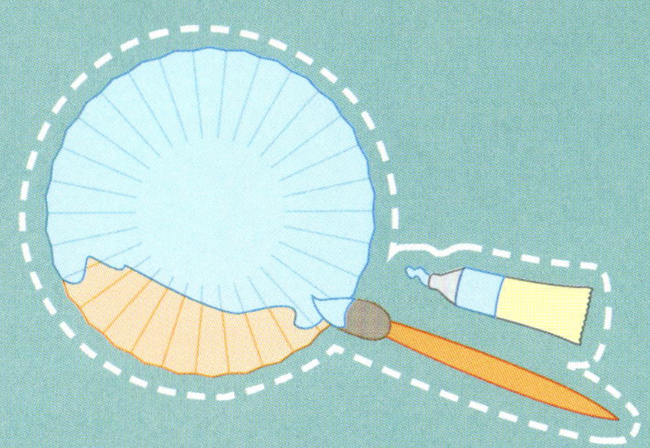

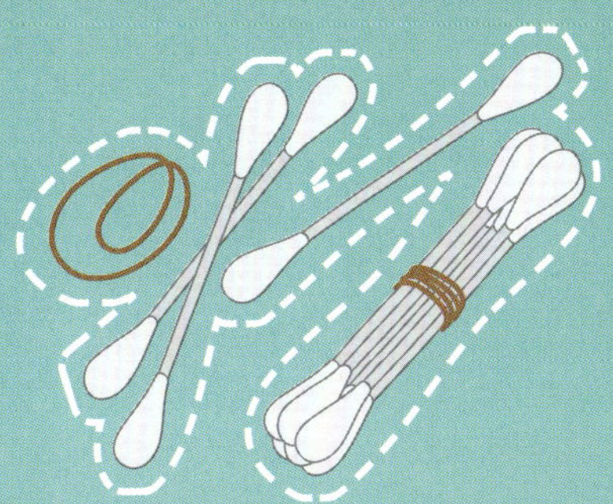

1 Streiche das Muffinförmchen mit den Händen glatt, damit es ganz flach wird. Dann malst du es mit einer hellen Farbe an, zum Beispiel Hellblau oder Pastellgrün.

2 Lass die Farbe trocknen. In der Zwischenzeit nimmst du neun Wattestäbchen und bindest sie mit dem Haushaltsgummi zusammen. Achte darauf, dass die Enden möglichst gleich lang sind.

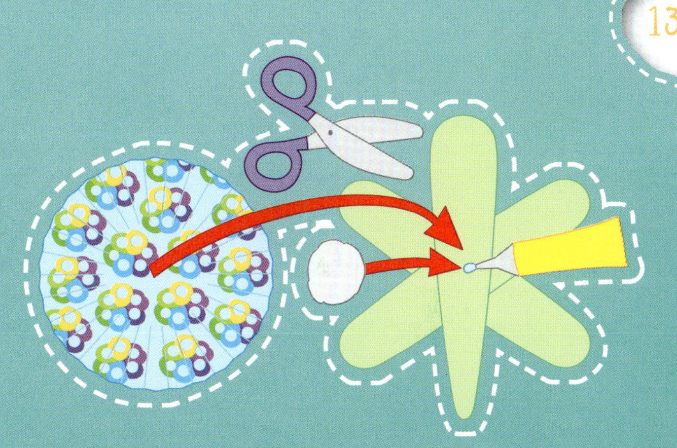

3 Gib vier Farben eng beieinander auf einen Teller, zum Beispiel Zitronengelb, Violett, Blau und Grün. Tupfe deinen Wattestäbchenstempel in die Farben und mache Abdrücke auf dem Muffinförmchen. Gut trocknen lassen.

4 Schneide mithilfe der Vorlage die Beine und den Kopf mit Schwanz aus dem Tonkarton aus. Klebe die Teile überkreuz aufeinander und bringe in der Mitte den Wattebausch an. Bestreiche das Muffinförmchen unten am Rand mit Klebstoff und klebe es über den Wattebausch auf.

Herz-Doodle

DU BRAUCHST

* Pappkarton
* Dekoband, ca. 1 m lang
* Bastel- oder Wasserfarbe
* Pinsel
* Schere
* Locher

Vorlage auf Seite 69

1 Male bunte Flächen, Striche, Linien und Punkte auf den Karton. Lass deiner Fantasie dabei freien Lauf.

2 Nach dem Trocknen schneidest du mithilfe der Vorlage das Herz aus. Stanze am Rand entlang Löcher ein.

3 Fädle das Band durch die Löcher am Rand und verknote Anfang und Ende in der Mitte der beiden Herzhälften zu einem Aufhänger.

TIPP
Verziere das Herz mit Glitterkleber.

Schneeflocken

1 Schneide oder reiße von dem Klebeband vier etwa gleich lange Stücke ab.

DU BRAUCHST

* Tonpapierkreise in Weiß, ø 10–15 cm
* Papierklebeband, z. B. Washi-Tape
* Wasserfarben
* Pinsel
* Locher
* Garn

2 Klebe die Stücke wie einen Stern auf die Papierkreise, sodass sie sich in der Mitte kreuzen.

3 Bemale die Papierkreise mit Wasserfarbe und lass die Farbe gut trocknen.

4 Ziehe die Klebebandstücke vorsichtig ab. Stanze ein Loch in das Papier und binde einen Faden fest.

TIPP
Du kannst die Enden der Klebebandstücke mit der Schere zackig einschneiden.

1 Tupfe in einer Reihe von jeder Farbe des Regenbogens einen Tropfen oben auf das Schreibpapier.

2 Halte das Papier oben fest und verstreiche die Farbtropfen mit dem Pappkarton nach unten, sodass ein Regenbogen entsteht.

3 Lass den Regenbogen trocknen und schneide die Wolke mithilfe der Vorlage aus dem weißen Tonkarton aus.

4 Gestalte das Gesicht mit den Klebepunkten und dem Filzstift. Schneide den Regenbogen aus und klebe ihn hinter die Wolke.

Regenbogen-Wolke

DU BRAUCHST

* Schreibpapier in Weiß, A4
* Tonkarton in Weiß, A5
* Bastelfarbe in den Farben des Regenbogens
* Klebepunkte in je 2x Schwarz, Blau und Rosa, ø 8 mm und 1,5 cm
* Pappkartonstück (Spachtel)
* Filzstift in Schwarz
* Schere
* Klebstoff

Vorlage auf Seite 69

Hase

DU BRAUCHST

* Tonkarton in Weiß, 12 cm x 17 cm
* Pompon in Weiß, ø 2 cm
* Fingerfarbe in Grün
* Schreibpapier
* Schere
* wiederablösbarer Sprühkleber
* Klebstoff

Vorlage auf Seite 69

1 Schneide den Hasen mithilfe der Vorlage aus dem Schreibpapier aus.

2 Bitte einen Erwachsenen, den Hasen auf der Rückseite mit dem wiederablösbaren Kleber zu besprühen.

3 Klebe den Hasen mittig auf den Tonkarton und tupfe viele kleine Punkte dicht an dicht mit dem Finger auf.

4 Ziehe die Hasen-Schablone ab und klebe den weißen Pompon als Schwänzchen auf.

Vogel im Nest

DU BRAUCHST

* Tonkarton in Schwarz, 12 cm x 17 cm
* Tonpapierreste
* Straßenmalkreide
* 250 ml Wasser
* 2 EL Zucker
* Filzstift in Schwarz
* Schüssel
* Löffel
* Schere
* Klebstoff

Vorlage auf Seite 70

1 Verrühre den Zucker und das Wasser in der Schüssel und lege die Kreidestücke hinein, bis sie vollgesaugt sind.

2 Nimm die Kreidestücke heraus und tupfe sie kurz ab. Dann malst du bunte Kreise auf das Papier. Das wird das Vogelnest.

3 Schneide den Vogel aus den Tonpapierresten aus. Klebe alle Teile zusammen, male das Auge auf und klebe den Vogel in das Nest.

TIPP

Du kannst die Kreidefarbe mit Haarspray fixieren.

Malen auf Stoff

DU BRAUCHST

* T-Shirt oder Kissenhülle
* Stoffmalkreiden
* Sandpapier, Körnung 80 oder gröber
* Bügeleisen
* Backpapier

TIPP
Aus Kritzeleien werden tolle Motive, wenn aus dem Sandpapier z. B. ein Stern ausgeschnitten und aufgebügelt wird (siehe Kissen).

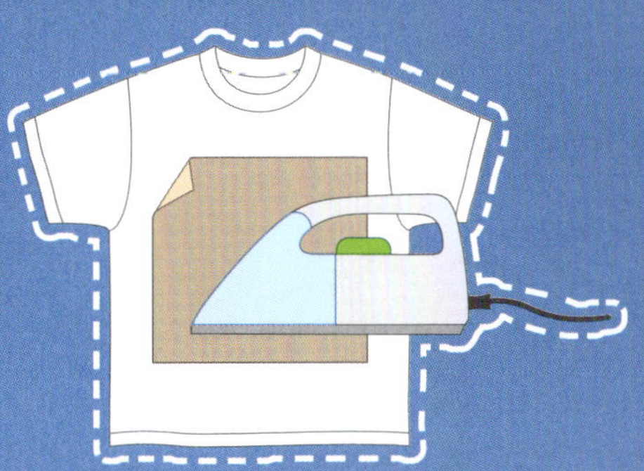

1 Male mit den Stoffmalkreiden ein Bild auf das Sandpapier. Drücke dabei ruhig fest mit den Stoffmalkreiden auf.

2 Lege das fertige Bild mit der bemalten Seite nach unten auf das T-Shirt oder den Stoff und bitte einen Erwachsenen, das Bild mit mittlerer Hitze aufzubügeln.

3 Nimm das Sandpapier ab. Jetzt kannst du noch einen Rahmen um dein Bild malen, Linien nachziehen oder Details ergänzen.

4 Zum Schluss legst du das Backpapier über dein Bild und bittest noch einmal einen Erwachsenen, dein Bild zu bügeln, damit die Farbe fixiert wird.

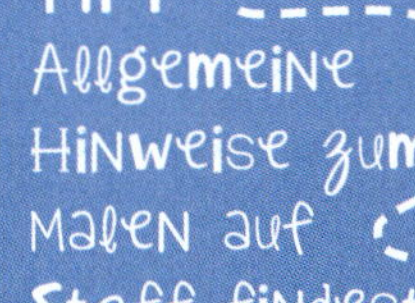

TIPP

Allgemeine Hinweise zum Malen auf Stoff findest du auf Seite 67.

Löwe

DU BRAUCHST

* Tonkarton in Weiß, 22 cm x 22 cm
* Tonkarton in Gelb, 20 cm x 20 cm
* Bastelfarbe
* Plastikbeutel mit Zippverschluss, mindestens 22 cm x 22 cm
* Filzstifte
* Teller
* Bleistift
* Schere
* Klebstoff

Vorlage auf Seite 71

1 Schneide mithilfe des Tellers einen Kreis aus dem weißen Tonpapier aus. Gib ein paar Farbtupfer auf den Kreis und packe ihn in den Plastikbeutel.

2 Fahre mit den Fingern über die Folie und vermale die Farben. Danach packst du den Papierkreis wieder aus. Lass dir dabei von einem Erwachsenen helfen.

3 Schneide den Kopf des Löwen aus dem gelben Tonkarton aus und male das Gesicht mit den Filzstiften auf. Du kannst dir dabei von einem Erwachsenen helfen lassen.

4 Nach dem Trocknen der Farbe schneidest du den bunten Papierkreis am Rand mit der Schere ein und klebst das Löwengesicht auf.

TIPP
Überschüssige Farbe kannst du vor dem Trocknen mit einem Lineal vom Papierkreis abziehen.

DU BRAUCHST

* Tonkarton in Hellblau, A5
* Tonpapierrest in Gelb
* 2 Wackelaugen, ø 1,6 cm
* Bastelfarbe in Schwarz und Weiß
* Gabel
* Schere
* Klebstoff

1 Gib etwas schwarze Farbe in die Mitte des Tonkartons und vermale sie mit der Gabel zu einem Oval. Am Rand entlang machst du Abdrücke mit den Zinken.

2 Nach dem Trocknen wiederholst du den ersten Schritt mit der weißen Farbe. Das weiße Oval ist etwas kleiner als das schwarze.

3 Schneide einen gelben Schnabel und zwei gelbe Füße aus. Klebe den Schnabel und die Wackelaugen auf.

4 Schneide den Pinguin mit einem schmalen hellblauen Rand aus und klebe die Füße auf.

1 Gib nacheinander die Farben auf den feuchten Schwamm: erst Rot, dann Orange, Gelb, Grün, Blau und Violett.

2 Wische mit dem Schwamm einmal im Kreis über die Rückseite des Tellers, sodass ein runder Regenbogen entsteht. Trocknen lassen.

3 Lege die Vorlage auf und schneide den Pappteller an den durchgezogenen Linien ein. An den Strichlinien faltest du ihn. Lass dir dabei von einem Erwachsenen helfen.

4 Forme den Pappteller zur Tasche und klebe die Seiten aufeinander. Stanze auf jeder Seite zwei Löcher ein und bringe die Bänder an.

Regenbogentasche

DU BRAUCHST

* Pappteller
* Satinband, 1 cm breit, 2x 25 cm lang
* Bastelfarbe
* Schwamm
* Schere
* Klebstoff
* Locher
* Wäscheklammern

Vorlage auf Seite 70/71

DRUCKEN
UND
STEMPELN

1 Klebe die Noppenfolie an den Ecken mit dem Klebeband auf die Arbeitsfläche, damit sie nicht verrutscht. Gib etwas Farbe auf die Folie und verteile sie gleichmäßig dünn mit dem Holzspatel.

2 Lege den weißen Tonkarton auf und drücke ihn mit der Handfläche etwas an. Achte darauf, dass der Tonkarton dabei nicht verrutscht. Ziehe das Papier vorsichtig wieder ab und lege es zum Trocknen auf Zeitungspapier.

3 Schneide mithilfe der Vorlage das Grün für die Erdbeere bzw. die Ananas aus. Zeichne mit der Vorlage die Frucht auf das bedruckte Papier und schneide sie ebenfalls aus.

4 Klebe das Grün von hinten an die Frucht. Wenn du magst, kannst du die Frucht noch mit kleinen Punkten oder Zacken verzieren.

Erdbeere und Ananas

DU BRAUCHST

* Tonkarton in Weiß, A5
* Tonkarton in Grün, A5
* Noppenfolie, A4
* Volltonfarbe in Gelb oder Rot
* Filzstift in Schwarz
* Holzspatel
* Klebeband
* Schere
* Bleistift
* UHU Alleskleber

Vorlage auf Seite 70 und 72

Bauklotz-Roboter

DU BRAUCHST

* Graupappe, mindestens A4
* alte lackierte Bauklötze oder Holzreste
* Bastelfarbe
* Zeitungspapier
* Schere
* Musterbeutelklammern

1 Stemple zuerst den Bauch, den Hals und den Kopf des Roboters mit den Bauklötzen auf die Pappe. Lass deiner Fantasie dabei freien Lauf.

2 Stemple neben dem Roboter zwei Arme und zwei Beine auf die Pappe. Lass alles gut trocknen.

3 Schneide alle Teile mit der Schere aus. Mache in den Körper vier Löcher für die Arme und Beine. Für die Augen klebst du die Klebepunkte auf.

4 Loche die Arme und Beine am oberen Ende und bringe sie mit den Musterbeutelklammern am Körper an.

1 Male deine Handflächen mit dem Pinsel rot an und mache drei oder mehr Abdrücke auf den Aquarellkarton. Lass sie gut trocknen.

2 Schneide deine Handabdrücke aus. Den Dino schneidest du aus dem grünen Tonkarton aus.

3 Klebe die Hände hinten auf den Dino. Bringe die Klebepunkte als Auge an und male den Mund auf.

4 Klebe den Dino auf den türkisfarbenen Tonkarton. Schneide den Tonkarton bei Bedarf etwas zu und runde die Ecken ab.

DU BRAUCHST

* Aquarellkarton in Weiß, ca. A4
* Tonkarton in Hellgrün und Türkis, A4
* Bastelfarbe oder Fingerfarbe in Rot
* Filzstifte
* Klebepunkt in Schwarz und Weiß, ⌀ 8 mm und 1,5 cm
* Pinsel
* Klebstoff
* Schere

Vorlage auf Seite 72/73

TIPP
Bitte einen Erwachsenen, deinen Namen auf den Dino zu schreiben.

1 Spanne die Gummis über Kreuz um den Putzschwamm, sodass er an den Kanten eingedrückt wird und die Form eines Schmetterlings bekommt.

2 Gib Farbe in Streifen direkt nebeneinander auf einen Teller. Tupfe den Schwamm hinein und mache dann Abdrücke auf dem Papier.

3 Lass die Farbe trocknen und schneide den Schmetterling mit der Schere aus. Lass dabei einen kleinen weißen Rand stehen. Danach in der Mitte zweimal lochen.

4 Bemale die Wattekugel und die Spitzen des Wattestäbchens mit Farbe. Male das Gesicht auf. Knicke das Wattestäbchen in der Mitte und klebe es hinten an den Kopf. Den Kopf oben auf das Schaschlikstäbchen kleben und die Flügel von unten aufziehen.

Schmetterlinge

DU BRAUCHST

* Tonkarton in Weiß
* Putzschwamm
* Volltonfarbe
* 2 Haushaltsgummis
* Locher
* Schaschlikstäbchen
* Wattestäbchen
* Wattekugel, ø 3 cm
* Filzstifte
* UHU Alleskleber
* Schere

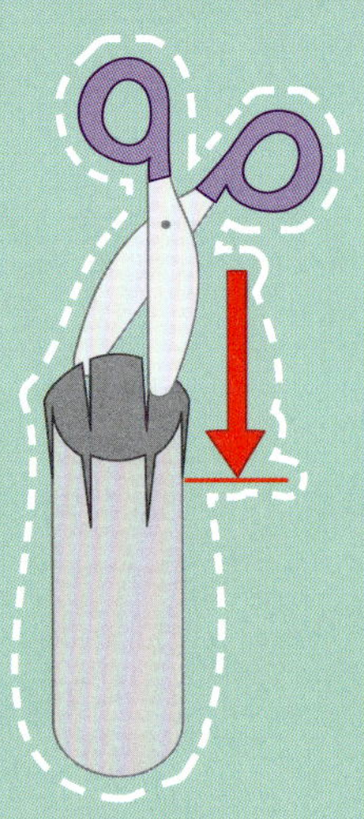

1 Schneide die Klopapierrolle an einem Ende sechs Mal im gleichen Abstand etwa 2,5 cm tief ein. Lass dir von einem Erwachsenen helfen.

2 Schiebe die feste Pappe in die Tasche. Klappe die Laschen der Klopapierolle nach außen und bestreiche sie satt mit der Farbe.

3 Setze die Klopapierrolle auf den Stoff und drücke die Laschen einzeln mit dem Finger auf.

4 Die Blütenmitten stempelst du mit dem Korken auf. Alles gut trocknen lassen. Allgemeine Hinweise zum Malen auf Stoff findest du auf Seite 67.

Blumendruck

DU BRAUCHST

* Stofftasche
* Klopapierrolle
* dicker Korken
* Acryl- oder Textilfarbe in Türkis und Gelb
* Pinsel
* Schere
* feste Pappe

TIPP
Schneide die Ecken der Laschen ab, dann werden die Blütenblätter rund.

Bunte Eisenbahn

1 Male quer über den Tonkartonstreifen mit einem schwarzen Filzstift die Schienen auf.

2 Stemple nun mit dem Schwamm den Zug auf. Jeder Wagon besteht aus einem waagerechten Abdruck.

3 Für die Lokomotive machst du zwei Abdrücke, einen waagerechten und einen senkrechten. Alles gut trocknen lassen.

4 Stemple mit dem Korken die Räder auf. Den Schornstein und das Fenster der Lock malst du mit Filzstiften auf.

DU BRAUCHST

* Tonkarton, ca. 10 cm x 60 cm
* Bastelfarbe
* Spülschwamm, ca. 5 cm x 7 cm
* Korken
* Filzstifte

TIPP
Falte den Zug im Zickzack und stelle ihn auf.

Wipp-Schnecke

DU BRAUCHST

* Pappteller in Weiß
* Tonkarton in Hellblau
* Bastelfarbe
* Korken
* 2 Klebepunkte in Weiß und Schwarz, ø 8 mm und 1,5 cm
* Papierreste
* Filzstift in Schwarz
* Klebstoff

Vorlage auf Seite 73

1 Schneide mithilfe der Vorlage das Schneckenhaus aus dem Tonkarton aus.

2 Drucke mit den Korken bunte Punkte auf und lass die Farbe trocknen.

3 Falte den Teller in der Mitte und klebe beide Hälften aufeinander. Dann klebst du das Haus auf.

4 Schneide aus den Papierresten zwei Fühler aus und klebe sie zusammen mit den Klebepunkten auf. Den Mund aufmalen.

Schneemann

1 Falte den Tonkarton in der Mitte zur Doppelkarte und male deine Fußsohle mit dem Pinsel weiß an.

2 Mache einen Abdruck auf die Karte. Achte darauf, dass die Zehen unten sind! Und oben an der Ferse brauchst du Platz für den Hut. Trocknen lassen.

3 Verziere deinen Schneemann nach Belieben mit Hut, Rübennase und Schal aus Papierresten. Die Augen, Knöpfe und den Mund kannst du mit einem Wattestäbchen auftupfen, die Arme aufmalen.

DU BRAUCHST

* Tonkarton in Petrol, A4
* Bastelfarbe in Weiß und Schwarz
* Tonpapierreste in Orange, Schwarz und Rot
* Pinsel
* Wattestäbchen

Apfel-Girlande

1 Baue ein Stempelkissen (siehe Seite 67). Drücke den Apfel in die Farbe und mache Abdrücke auf dem Papier.

2 Schneide die Abdrücke nach dem Trocknen aus. Zeichne dazu mit dem Trinkglas einen Kreis um jeden Apfel.

3 Male mit dem Filzstift den braunen Stiel auf und mache unten drei grüne Striche für die Kelchblätter.

4 Loche die Papierkreise oben zweimal nebeneinander und fädle sie auf die grüne Schnur.

DU BRAUCHST

* halbierter Apfel
* Tonkarton in Weiß, mindestens A4
* Schnur in Grün
* Bastelfarbe in Rot
* Filzstift in Braun und Grün
* Trinkglas (etwas größer als der Apfel)
* Schwammtuch
* Blumentopf-Untersetzer
* Bleistift
* Schere
* Locher

Leckere Eistüte

DU BRAUCHST

* Tonkarton in Weiß, A4
* Pappkartonrest
* Luftballon
* Bastelfarben
* Glitterkleber
* Pappteller
* Schere
* Klebstoff

Vorlage auf Seite 71

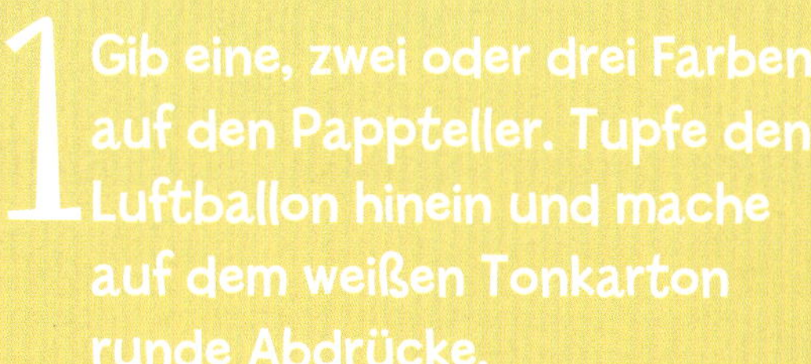

1 Gib eine, zwei oder drei Farben auf den Pappteller. Tupfe den Luftballon hinein und mache auf dem weißen Tonkarton runde Abdrücke.

2 Schneide die getrockneten Abdrücke rund aus. Wenn du magst, kannst du sie noch mit Linien und Glitterkleber verzieren. Den Klebstoff trocknen lassen.

3 Schneide aus dem Pappkarton die Eistüte aus und klebe die bunten Eiskugeln auf.

Fruchtige Melonen

DU BRAUCHST

* Kartoffel
* Geschenkpapier in Weiß oder Pastellfarben
* Schwammtuch
* Bastelfarbe in Rot
* Wasserfarbe in Braun und Grün
* Pinsel
* Messer
* Wattestäbchen
* Klebeband

1 Fixiere ein großes Stück Geschenkpapier mit dem Klebeband auf der Arbeitsfläche. Schneide die Kartoffel in Viertel. Lass dir dabei von einem Erwachsenen helfen.

2 Gib rote Farbe auf das feuchte Schwammtuch. Das ist nun dein Stempelkissen. Drücke die Kartoffelviertel in die Farbe und mache Abdrücke auf dem Geschenkpapier.

3 Wenn die Abdrücke trocken sind, malst du mit dem Pinsel eine grüne Linie um die runde Kante der Abdrücke.

4 Tupfe mit den Fingerspitzen oder mit dem Wattestäbchen kleine dunkelbraune Punkte auf die roten Melonenstücke und lass sie trocknen.

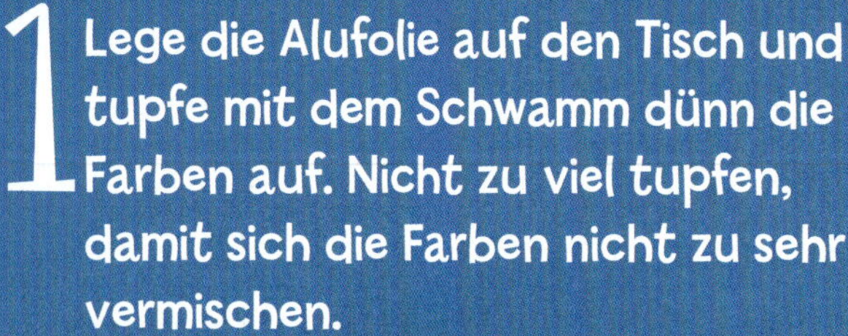

1 Lege die Alufolie auf den Tisch und tupfe mit dem Schwamm dünn die Farben auf. Nicht zu viel tupfen, damit sich die Farben nicht zu sehr vermischen.

2 Jetzt kannst du mit dem Wattestäbchen ein Muster aufmalen. Male eine Spirale auf, Schlangenlinien, Striche, Herzen, Kreise – ganz wie du magst.

3 Lege das Blatt auf, drücke es gut an und ziehe es dann wieder von der Alufolie ab. Lege es auf Zeitungspapier und lass es trocknen.

4 Schneide mithilfe der Vorlage den Vogel, die Flügel und den Schnabel aus dem Tonkarton und dem bedruckten Papier aus. Die Flügel und den Schnabel aufkleben. Als Auge die Klebepunkte anbringen.

Vögelchen

DU BRAUCHST

* Alufolie, ca. A4
* Tonkarton in Weiß, A5
* Bastelfarbe oder Abtönfarbe
* Schwamm
* Wattestäbchen
* Tonkartonreste in Gelb oder Rosa
* Schere
* Bleistift
* UHU Alleskleber
* Klebepunkt in Weiß und Schwarz

Vorlage auf Seite 72

KLECKSEN UND EXPERIMENTIEREN

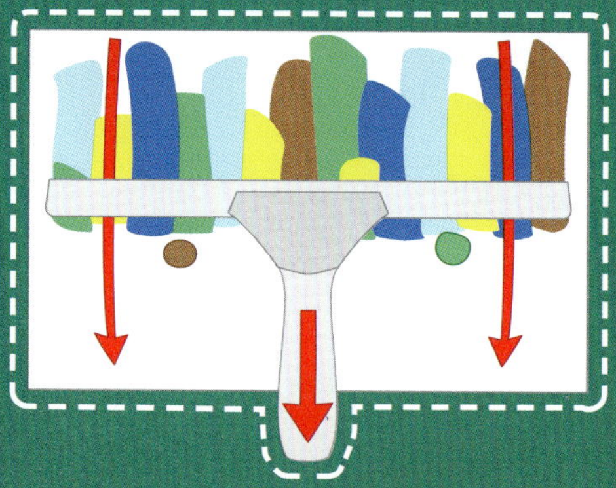

1 Lege das Blatt quer vor dich und verteile dann dicke Farbkleckse darauf. Besonders an der oberen Kante dürfen viele Kleckse sein.

2 Halte das Blatt mit der einen Hand oben fest und ziehe dann das Blatt mit der anderen Hand mit dem Duschabzieher ab. Dabei werden die Farbkleckse von oben nach unten verwischt.

3 Lass das Blatt gut trocknen und schneide dann mithilfe der Vorlage den Körper deines Chamäleons aus. Aus dem Tonkarton schneidest du den Kopf, die Beine und die Rückenzacken aus.

4 Klebe die Wattekugel als Auge an und male die Pupille, den Mund und das Bäckchen auf. Anschließend klebst du den Kopf auf den Körper. Die Rückenzacken und die Beine klebst du von hinten auf.

Chamäleon

DU BRAUCHST

* Tonkarton in Weiß, A4
* Volltonfarbe, z. B. in Zitronengelb, Goldgelb, Ocker, Grün, Türkis und Blau
* Duschabzieher
* Tonkartonreste in Hellgrün und Blau
* Wattekugel, ø 3 cm
* Bleistift
* Schere
* Filzstifte oder Marker in Schwarz, Rot und Rosa
* UHU Alleskleber

Vorlage auf Seite 68/69

TIPP

Für das Auge kann ein Erwachsener ein Stück der Wattekugel abschneiden, sodass sie unten flach ist.

Blumen

DU BRAUCHST

* 3 Papiertaschentücher aus der Box
* Schere
* Zeitungspapier
* Chenilledraht in Grün, 30 cm lang
* 2 Gläser mit flüssiger Farbe, z. B. verdünnter Volltonfarbe oder Aquarellfarbe

1 Schneide die Taschentücher rund zu. Als Schablone kannst du einen Teller oder eine Untertasse nutzen.

2 Nimm jeden Kreis in der Mitte und falte ihn wie einen Schirm zusammen. Tunke die Mitte in die erste Farbe. Drücke die Spitze etwas aus, damit das Wasser herausgepresst wird. Den Rand tunkst du dann in die andere Farbe und drückst es wieder aus. Öffne die Tücher und lege sie auf Zeitungspapier, bis sie trocken sind.

3 Den Chenilledraht rollst du am oberen Ende ein, damit er einen Stopper hat. Dann stichst du mittig durch die Kreise. Nun Lage für Lage abziehen und nach oben zusammenknäulen, sodass eine Blüte entsteht.

4 Auf der Unterseite den Draht einmal um das Papier knoten. Das kürzere Stück Chenilledraht biegst du zu einem Blatt, verdrehst es am Stiel und drahtest es an. Das Ende abschneiden.

1 Lege den Tonkarton vor dich, besprühe die Oberseite mit Wasser und lege die Krepppapierschnipsel auf, bis alles bedeckt ist.

2 Drücke das Krepppapier etwas an und besprühe es bei Bedarf noch mit Wasser. Dann alles trocknen lassen.

DU BRAUCHST

* Tonkarton in Weiß, ca. 55 cm x 17 cm
* Krepppapierschnipsel in vielen Farben
* Sprühflasche mit Wasser
* Tacker
* Schere

3 Entferne die Schnipsel und schneide die Zacken der Krone ein. Lege die Krone probehalber um deinen Kopf und hefte dann die beiden schmalen Kanten zusammen.

TIPP
Klebe kleine Pompons auf die Zacken.

DU BRAUCHST

* Butterbrotpapier
* Käseschachtel
* Wachsmalstifte
* Kleine Reibe
* Sternsticker
* Bügeleisen
* Backpapier
* Schere
* Papierklebeband
* Bastel- oder Alleskleber
* Zeitungspapier

TIPP
Bitte die Laterne nur mit einem LED-Teelicht beleuchten.

1 Schneide das Butterbrotpapier so zu, dass es einmal um die Käseschachtel passt. Fixiere es mit dem Klebeband auf dem Zeitungspapier.

2 Klebe die Sternsticker auf. Rasple dann die Wachsmalstifte, sodass die Spähne gleichmäßig verteilt auf dem Papier liegen.

3 Alles mit Backpapier bedecken und bei niedriger Hitze bügeln. Lass dir dabei von einem Erwachsenen helfen. Das Backpapier sofort abziehen, solange das Wachs noch flüssig ist.

4 Die Sternsticker entfernen und das Papier um den Boden und den Deckel der Käseschachtel kleben. Am Deckel oben ein großes Loch einschneiden. Bei Bedarf kannst du noch einen Drahtbügel anbringen.

DU BRAUCHST

* Tonpapier in Weiß, A4
* Rasierschaum
* flüssige Farbe, z. B. verdünnte Bastel- oder Abtönfarbe
* Teigschaber
* langes Lineal
* Teelöffel
* Holzspatel
* wasserfeste Unterlage

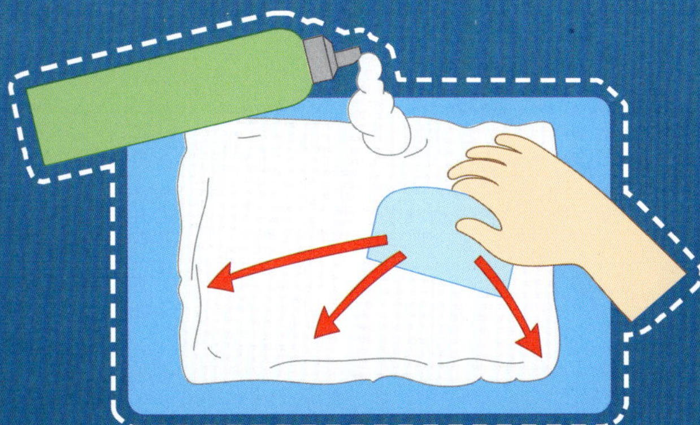

1 Streiche den Rasierschaum etwa 2 cm dick auf die Unterlage. Die Fläche sollte etwas größer als das Tonpapier sein.

2 Verteile die Farbe mit dem Löffel auf dem Rasierschaum und verziehe sie anschließend kreuz und quer mit dem Holzspatel.

Wimpelkette

TIPP
Schneide das Papier in Dreiecke und klebe sie als Wimpel um eine Schnur.

3 Lege das Tonpapier auf und drücke es etwas in den Schaum. Dann nimmst du es wieder ab.

4 Schiebe mit dem Lineal den Rasierschaum vom marmorierten Tonpapier und lass es trocknen.

Monsterspiel

DU BRAUCHST

* 12 Tonkartonquadrate in Weiß, 7 cm x 7 cm
* 12 Tonkartonquadrate in Braun, 8 cm x 8 cm
* 24 Klebepunkte in Weiß und Schwarz, ⌀ 8 mm und 1,6 mm
* dünne Kerze in Weiß
* Wasserfarben
* Filzstift in Schwarz
* Bügeleisen
* Backpapier
* Pinsel
* feuchtes Tuch
* Klebstoff

1 Kritzele mit der Kerze auf die weißen Kärtchen. Drücke dabei ruhig fest mit der Kerze auf.

2 Bitte einen Erwachsenen, die Kärtchen zwischen Backpapierlagen zu bügeln, damit das Wachs in das Papier einzieht.

3 Bemale immer zwei Kärtchen mit der gleichen Farbe und wische die Farbe mit dem feuchten Tuch ab – schon kommen deine Kritzeleien wieder zum Vorschein.

4 Verwandle deine Kritzeleien mit den Klebepunkten und dem Filzstift in kleine Monster. Danach klebst du die Monsterkärtchen auf die braunen Tonkartonquadrate.

TIPP
Beim Spielen müsst ihr immer zwei Monster mit gleicher Farbe finden.

Fächer

1 Mische das Wasser und die Farbe in der Auflaufform und verteile mit der Pipette oder dem Löffel etwas Öl auf der Wasseroberfläche.

2 Lege das Papier auf das Wasser, tauche es kurz unter und lege es zum Trocknen auf das Zeitungspapier.

3 Falte das Papier etwa 1 cm breit im Zickzack von einer Schmalkante zur anderen zu einem Stapel.

4 Binde etwas Wolle um ein Ende des Stapels und fächere das andere Ende auf. Fertig ist der Fächer.

DU BRAUCHST

* Tonpapier in Weiß, 25 cm x 14 cm
* rechteckige Auflaufform oder Wanne
* 250 ml Wasser
* 2 EL Bastelfarbe
* Speiseöl
* Pipette oder Teelöffel
* altes Zeitungspapier
* Wollrest

Malen mit Faden

DU BRAUCHST

* 2 Schreibpapierblätter in Weiß, A4
* Wollfaden, ca. 1 m lang
* Wasserfarben
* Pinsel
* Buch

TIPP
Gestalte Karten und klebe deine Bilder auf einen Tonkarton in passender Farbe.

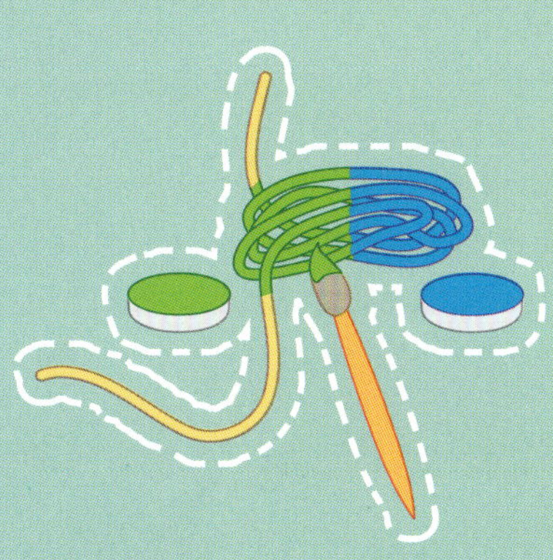

1 Wickle den Wollfaden zu einem kleinen Knäul und betupfe ihn mit zwei verschiedenen Farben, sodass er gut getränkt ist.

2 Lege den Faden wie eine Schlange auf ein weißes Schreibpapier. Das Ende lässt du unten überstehen.

3 Lege das zweite Papier auf und beschwere alles mit dem Buch. Dann ziehst du unten den Faden mit etwas Schwung heraus.

4 Das Buch abnehmen und die beiden bemalten Papiere trocknen lassen.

Qualle

DU BRAUCHST

* Tonkarton in Hellblau, A5
* Krepppapierstreifen in verschiedenen Farben
* 2 Wackelaugen, ø 2 cm
* Salz
* Wasserfarben
* UHU Bastelkleber
* Pinsel
* Schere

Vorlage auf Seite 73

1 Schneide den Körper der Qualle aus dem Tonkarton aus und bestreiche ihn mit dem Bastelkleber.

2 Lege die Wackelaugen auf und streue das Salz in den noch feuchten Bastelkleber. Danach alles gut trocknen lassen.

3 Schüttle das überschüssige Salz ab. Tupfe mit dem Pinsel die flüssigen Wasserfarben auf das Salz und schaue, wie die Farben ineinander verlaufen.

4 Nach dem Trocknen klebst du unten die Krepppapierstreifen als Tentakel an.

1 Zeichne den Kaktus mit dem Bleistift auf den grünen Tonkarton und male ihn mit der Schaumfarbe aus. Du kannst dazu den Holzspatel oder einen Finger nehmen.

2 Streue die Streusel als Stachel auf. Stanze aus dem gelben Papierrest zwei Blüten aus und klebe sie zusammen mit den Mini-Pompons auf.

3 Lass die Schaumfarbe gut trocknen. Das kann je nach Dicke der Schaumfarbe ein bis drei Tage dauern. Danach kannst du den Kaktus ausschneiden.

TIPP

Das Trocknen kann im Backofen (Umluft, 100 Grad) beschleunigt werden.

DU BRAUCHST

* Tonkarton in Grün, A4
* Tonpapierrest in Gelb
* 2 Mini-Pompons in Rosa
* Motivstanzer: Blüte
* Streusel
* Schaumfarbe in Pastellgrün (Rezept siehe Seite 67)
* Holzspatel
* Bleistift
* Schere

Vorlage auf Seite 73

Kratzbilder

1 Reibe die Oberseite des bunten Papiers mit dem Wachsteelicht ein.

2 Mische sechs Teile Acrylfarbe mit einem Teil Spülmittel. Lass dir dabei von einem Erwachsenen helfen.

3 Bestreiche das gewachste Papier deckend mit der Farbe und lass sie gut trocknen.

4 Kratze mit dem Holzstäbchen Bilder in die schwarze Farbschicht, sodass die bunten Farben wieder zum Vorschein kommen.

DU BRAUCHST

* bunt bedrucktes Papier, z. B. Designpapier
* Wachsteelicht
* Acrylfarbe in Schwarz
* Spülmittel
* weicher, breiter Pinsel
* spitzes Rundholzstäbchen

TIPP

Bringe Klebepunkte als Augen an oder schneide eine Form aus!

Klecks-Käfer

1 Falte das Papier in der Mitte und öffne es wieder. Gib ein paar Farbkleckse auf das Papier, am besten neben der Faltlinie.

2 Falte das Papier wieder zusammen und streiche es flach aus, sodass sich die Farbe zwischen den Papierlagen verteilt. Danach wieder öffnen und trocknen lassen.

3 Bringe die Klebepunkte als Augen an und male Fühler, Beine oder Flügel auf - schon verwandeln sich die Kleckse in exotische Käfer.

DU BRAUCHST

* Schreibpapier in Weiß
* Bastelfarbe
* Filzstifte
* Klebepunkte in Weiß und Schwarz, ø 1,2 cm und 8 mm

TIPP
Überlege dir lustige Namen für deine Käfer.

Basteln mit Kindern

Basteln tut gut. Es fördert die Kreativität, die Fingerfertigkeit, die Ausdauer und die Konzentrationsfähigkeit, die Hand-Augen-Koordination und das räumliche Vorstellungsvermögen. Und das alles ganz nebenbei, während gemalt, geschnitten, geklebt oder gewebt wird. Bei all diesen Tätigkeiten erforschen Kinder ihre Fähigkeiten und lernen dazu. Das Schönste ist aber, wenn ein Kind sein Werk präsentiert und stolz sagt: „Das hab ich gemacht!" In diesem Moment wird sichtbar, dass Basteln nicht nur vielfältig fördert, sondern vor allem auch glücklich macht.

Basteln macht Spaß. Darauf kommt es mir ganz besonders an. Wenn ich zusammen mit meinen Kindern bastle, halte ich mir diesen Satz immer wieder vor Augen. Denn allzu schnell verfalle ich in meinen erwachsenen Perfektionsdrang und meine, dass alles so gemacht werden muss, wie ich es mir vorstelle. Denkste. Kinder haben ihre eigenen Ideen. Und sie entwickeln mit ihrem natürlichen Forschergeist durch Versuch und Irrtum eigene Lösungswege. Und das ist auch gut so. Nur für mich ist das oft ein Problem. Manchmal fehlt mir einfach die Geduld, mit meinen Kindern auf Forschungsexpedition zu gehen, während ich

Basteln mit Kindern – ein paar Leitgedanken

* Basteln macht Spaß
* den Forscherdrang der Kinder unterstützen
* die eigene Erwartungshaltung hinterfragen
* Raum für Kreativität und eigene Ideen geben
* geeignete Bastelarbeiten auswählen
* nicht überfordern
* zum Selbermachen ermutigen
* Anregungen und Hilfestellungen geben
* Misserfolge locker nehmen: Der Weg ist das Ziel!

doch längst weiß, wie es richtig gemacht wird, wie wir ohne Umwege das Ziel erreichen. Aber beim Basteln mit Kindern geht es nicht um mich. Das Ergebnis muss nicht in meinen Augen spektakulär sein, sondern in denen der Kinder.

Erwartungsdruck hemmt Kinder und schränkt ihren Entfaltungsspielraum ein. Jedes Kind hat unterschiedliche Fähigkeiten - abhängig von seinem Alter und seiner individuellen Veranlagung. Das ist nicht weiter schlimm, denn durch das spielerische Lernen beim Basteln werden die Fähigkeiten ja weiter gefördert und verfeinert. Allerdings berücksichtige ich dies bei der Wahl des Projekts. Ein Kind, das überfordert wird, verliert schnell den Spaß. Darum versuche ich, das Ziel so zu setzen, dass es auch erreicht werden kann. Und ich passe meine Erwartungen an, je nachdem, ob ich gerade mit meinem fünfjährigen oder meinem zweijährigen Sohn bastle.

Ich ermutige meine Kinder, alles alleine zu machen, wozu sie schon in der Lage sind. Und natürlich unterstütze ich sie, wo noch Hilfe notwendig ist. Oft bastle ich auch mit, wobei ich ein Vorbild sein möchte und kein erwachsener Schlaumeier, der alles besser weiß und besser kann. Damit habe ich bereits meine Erfahrungen gemacht (siehe Kasten). Oft bin ich einfach nur da, um Anregungen zu geben - und um zu staunen, auf welche Ideen und Lösungen meine Kinder kommen. Oder eben auch nicht: Manchmal regiert der Frust am Basteltisch! Doch auch Misserfolge gehören dazu.

Wichtig ist nur, dass man sich davon nicht entmutigen lässt. Vielleicht hilft ja eine Auszeit? Basteln ist durchaus anstrengend. Wenn ein Kind keine Lust mehr hat, lege ich eine Bastelpause ein. Das machen wir beim Wandern ja auch. Und wie wäre es mit einer kleinen Stärkung zwischendurch? Wenn genug für heute gebastelt ist, machen wir einfach an einem anderen Tag weiter. Und wenn das Bastelwerk seinem Urheber ganz und gar nicht gefallen mag, versuche ich trotzdem etwas Gutes daran zu finden. Und dann lassen wir es ganz schnell verschwinden ...

Ich mag nicht mehr ...

Es war Weihnachtszeit und mein Großer und ich haben das erste Mal gemeinsam Plätzchen gebacken. Da war er knapp zweieinhalb und ich habe mich riesig auf diesen Moment gefreut. Doch plötzlich stand mein Sohn auf, sagte: „Ich mag nicht mehr“ und ging davon. Was war passiert? Ich hatte ihm die ganze Zeit Anweisungen diktiert und ihn belehrt: „Nicht zu dünn ausrollen!“, „Lass mich das machen!“, „Setz die Ausstechformen doch enger zusammen!“. Mir wurde klar, dass Kinder viele Dinge einfach anders machen als wir Erwachsenen, und dass es falsch ist, unsere eigenen Ansprüche auf sie zu übertragen. Kinderplätzchen sehen eben anders aus. Lecker sind sie trotzdem!

Gute Vorbereitung ist alles

Beim Basteln kann schnell mal ein Malheur mit Farbe und Klebstoff passieren. Damit das gemeinsame Basteln entspannt abläuft, können ein paar Vorkehrungen getroffen werden:

Zum Schutz der Kleidung ist es empfehlenswert, eine Bastelschürze oder alte Kleidung anzuziehen. Den Tisch und den Boden am besten mit Wachstischtuch, Folie oder Zeitung abdecken, damit nichts beschmiert wird. Zudem sollten empfindliche Gegenstände aus dem Bastelbereich entfernt werden.

Damit die Kinder nicht mit feuchter Farbe oder Klebstoff an den Händen durch die Wohnung laufen, lege ich vor dem Basteln alle Hilfsmittel und Werkzeuge, die wir für unser Bastelprojekt brauchen, bereit. So muss keiner zwischendurch aufstehen und die Bastelschere aus der Schublade holen. Und wenn doch, dann gibt es am Basteltisch immer ein feuchtes Tuch, mit dem die Hände abgewischt werden können.

Hilfreich ist auch ein griffbereites altes Tuch, mit dem Überschwemmungen auf dem Basteltisch blitzschnell trockengelegt werden können. Und an ganz wilden Basteltagen gibt es sogar eine Fußkontrolle: Jeder, der den geschützten Bastelbereich verlassen will, muss dann erst seine Fußsohlen vorzeigen. Nicht selten verstecken sich dort nämlich wahre Farbmonster, die nur darauf warten, ihre Spuren in der ganzen Wohnung hinterlassen zu können.

Doch irgendwann ist auch die schönste Bastelzeit zu Ende. Dann heißt es im Gänsemarsch ab ins Bad und raus aus den schmutzigen Kleidern. Die Kleider kommen in die Wäsche, die Kinder – je nach Bedarf – ans Waschbecken oder in die Wanne. Ich lege am Waschbecken immer dunkle Handtücher bereit, die weniger empfindlich sind, und ein Handtuch kommt auf den Boden, um die hellen Fliesenfugen vor herabtropfendem Farbwasser zu schützen. So hat unsere Bastelzeit garantiert ein Happy End.

Experten-Tipps

Klebstoffflecken entfernen
Klebstoff auf der Kleidung bleibt beim Basteln mit Kindern nicht aus. Wenn es darum geht, die Flecken wieder rauszubekommen, haben lösungsmittelfreie Klebstoffe die Nase vorn. Sie lassen sich einfach auswaschen. Bei herkömmlichen Alleskleber hilft hingegen nur der Griff zum Spezial-Fleckentferner. Noch frische Flecken lassen sich je nach Klebstoff außerdem mit Alkohol (Spiritus) entfernen. Trockenem Klebstoff kann man auch mit Aceton, Nitroverdünner oder Ethylacetat auf den Leib rücken. Davor unbedingt immer eine Farbprobe an einer verdeckten Stelle machen!

Farbflecken entfernen
Ich achte darauf, dass ich nur Filzstifte und flüssige Farben verwende, die wasserlöslich sind. Diese Farben lassen sich aus der Kleidung auswaschen und gehen auch von der Haut wieder rückstandslos ab. Trotzdem: Die Flecken immer kurz von Hand auswaschen, solange die Farbe noch feucht ist. Bei starker Verschmutzung die Kleidung außerdem vor dem Waschen z. B. mit Gallseife vorbehandeln. Bei wasserfesten Farben, z. B. Markern, achte ich darauf, dass die Kinder sie nicht unbeaufsichtigt in die Hände bekommen.

Löcher stopfen
Ein kurzes Schnipp-Schnapp und schon ist das Loch im Pulli drin. Die ganz kleinen Bastler müssen den richtigen Umgang mit der Schere meist noch lernen. Und bis dahin wird fleißig experimentiert - mit allen Nebenwirkungen. Doch keine Panik. Nicht jedes Loch ruiniert gleich das ganze Kleidungsstück. Oft lassen sich die Löcher unter einer dekorativen Stoff-Applikation wie z. B. einem Herz, einem Stern oder einem Schmetterling verstecken.

Grundausstattung
Für das Basteln mit Kindern braucht es nicht viel: Schere, Klebstoff, Bleistift und Radiergummi, fertig ist die Grundausstattung. Die Schere sollte kindgerecht sein und abgerundete Spitzen haben. Beim Kleben ist bei Kindern meist Klotzen statt Kleckern angesagt. Daher empfehle ich herkömmlichen Alleskleber in der Flasche oder in der tropffreien Plastiktube. Herkömmlicher Alleskleber wellt das Papier nicht und wird schnell fest. Das garantiert auch bei dick aufgetragenem Klebstoff schöne Ergebnisse und keine Unterbrechungen durch lange Wartezeiten. Er hat jedoch den Nachteil, dass er nicht auswaschbar ist und Lösungsmittel enthält. Wem diese Punkte wichtig sind, der sollte entsprechende Klebstoffe ohne Lösungsmittel verwenden.

Papier schneiden

Der Umgang mit der Schere will geübt sein. Das Schneiden haben die Kleinen meist schnell raus, aber bis zum perfekten Schnitt dauert es noch seine Zeit. Bis dahin darf man einfach keine Wunder erwarten. Meist gelingen kurze gerade Schnitte am Anfang leichter. Das kann bei der Modellwahl gut berücksichtigt werden. Rundungen, Kurven und Kreise sind für Kinder besonders knifflig. Für kleine Kreise empfehle ich daher Kreisstanzer. Das Stanzen macht den kleinen Bastlern nicht nur großen Spaß, sie erhalten auch perfekte Ergebnisse. Bei großen Kreisen kommt man dagegen nicht um das Schneiden mit der Schere herum. Nicht wundern, wenn der Kreis anfangs noch wie ein Vieleck aussieht!

Bastelbasics

Vorlagen übertragen

Es gibt viele Möglichkeiten, Vorlagenzeichnungen auf Papier oder andere Materialien zu übertragen. Für kleine Kinder finde ich die Schablonenmethode jedoch am besten. Und so geht's:

1 Eine Fotokopie der Vorlagenzeichnung machen, grob ausschneiden und auf dünne Pappe aufkleben.

2 Die Vorlagenzeichnung sauber und exakt ausschneiden. Fertig ist die Schablone.

3 Die Schablone auf das gewünschte Material auflegen, mit einer Hand festhalten und mit der anderen Hand mit dem Bleistift umfahren.

4 Die Schablone abnehmen und das Motiv ausschneiden, anmalen oder wie in der Anleitung weiter bearbeiten.

Hinweis

Im Buch werden vorwiegend Tonpapier und Tonkarton verwendet. Tonpapier hat in der Regel eine Grammatur von 130 g/qm und ist relativ flexibel. Tonkarton hat eine Grammatur von etwa 220 g/qm und ist relativ stabil.

Basteln mit Farbe

Kinder wollen Farben anfassen. Damit das Basteln mit Farbe richtig Spaß macht, sollten darum am besten unbedenkliche Farben für Kleinkinder verwendet werden. Fingerfarben sind sehr empfehlenswert. Aber auch Bastelfarbe ist gut geeignet, wenn sie keine Schadstoffe oder Lösungsmittel enthält. Eine gute und günstige Alternative ist auch die sogenannte Voll- und Abtönfarbe aus dem Baumarkt. Sie lässt sich im feuchten Zustand gut auswaschen.

Die Farben sollten kindgerecht angeboten werden. Das Dosieren aus der Tube oder Flasche ist für Kleinkinder noch zu schwierig. Am besten bietet man die Farbe in kleinen Näpfen an, zum Beispiel in einer alten Muffinform. Oder Sie geben die Farben auf ein großes Stück Pappkarton, das als Malerpalette dient. Auch ein Pappteller leistet dafür gute Dienste.

Am Maltisch sollten immer altes Zeitungspapier, ein altes Handtuch und ein feuchter Lappen bereitliegen. So lassen sich die Hände schnell reinigen, aber auch die Mal- und Stempelutensilien müssen ausgewaschen oder gesäubert werden können, zum Beispiel wenn die Farbe gewechselt wird.

Zum Drucken und Stempeln hat sich ein selbstgebautes Stempelkissen aus einem Schwammtuch bewährt. Einfach ein Stück feuchtes Schwammtuch auf eine wasserfeste Unterlage legen, etwas Farbe darauf geben und z. B. mit einem kleinen Löffel etwas einarbeiten. Schon kann losgestempelt werden!

Grundrezept Schaumfarbe

Du brauchst

* Rasierschaum
* UHU Bastelkleber
* Speisestärke
* Joghurtbecher
* Holzspatel
* Teelöffel
* Bastelfarbe

Verrühre nacheinander 3 gehäufte TL Rasierschaum, 3 TL Bastelkleber, 1-2 TL Stärke und etwas Bastelfarbe in dem Joghurtbecher zu einer cremigen Schaumfarbe. Je nach gewünschter Konsistenz kann noch etwas mehr Stärke zugegeben werden.

In einem luftdichten Gefäß kann die Farbe ein paar Tage im Kühlschrank aufbewahrt werden.

Malen auf Stoff

Zum Bemalen eignen sich reine Baumwollstoffe oder Baumwollstoffe mit einem geringen Kunstfaseranteil. Damit die Farbe gut hält, müssen die Textilien zuvor ohne Weichspüler gewaschen werden. Durch das Waschen wird die Appretur entfernt, die die Fasern beim Verkauf vor Schmutz und Knitterfalten schützen soll. Die Textilien anschließend trocknen und bügeln, damit sie sich gut bedrucken oder bemalen lassen. Nach dem Bemalen die Farbe gegebenenfalls trocknen lassen und nach Herstellerangabe fixieren. Bei Acrylfarbe das Motiv mit Backpapier abdecken und mit dem Bügeleisen kurz bei mittlerer Hitze bügeln.

VORLAGEN

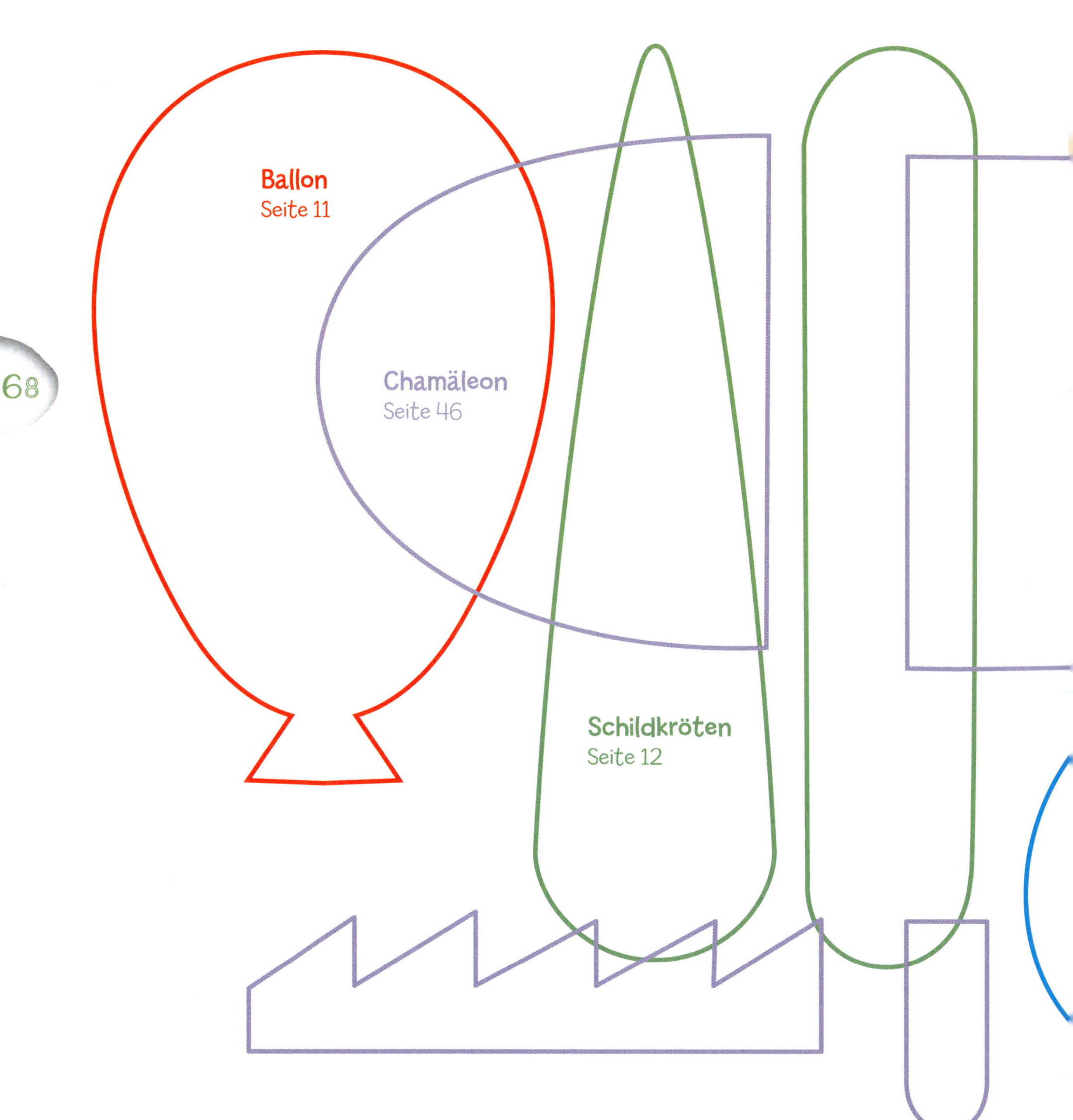

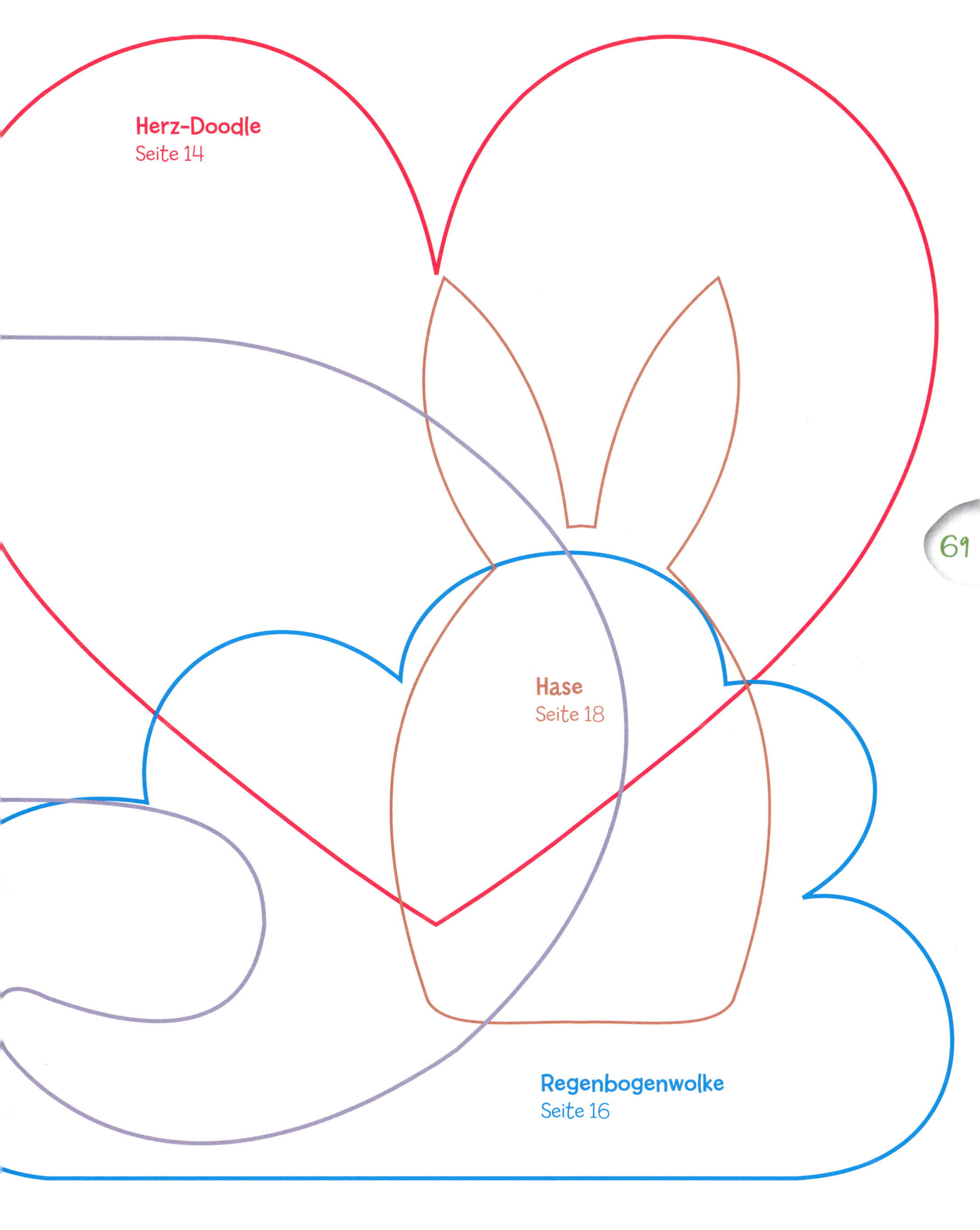
Herz-Doodle
Seite 14
Hase
Seite 18
Regenbogenwolke
Seite 16

Erdbeere und Ananas
Seite 28

Vogel im Nest
Seite 19

Löwe
Seite 22

Leckere Eistüte
Seite 40

Regenbogentasche
Seite 24

Erdbeere und Ananas
Seite 28

Vögelchen
Seite 42

Dino
Seite 31

Kaktus
Seite 59
Qualle
Seite 58
Wipp-Schnecke
Seite 37

MEHR für die ALLERKLEINSTEN

ISBN 978-3-7724-4614-6

ISBN 978-3-7358-9058-0

ISBN 978-3-7358-9014-6

ISBN 978-3-7724-4623-8

ISBN 978-3-7358-9012-2

ISBN 978-3-7358-9013-9

ISBN 978-3-7358-9071-9

ISBN 978-3-7358-9072-6

ISBN 978-3-7724-4459-3

ISBN 978-3-7724-4460-9

ISBN 978-3-7724-4462-3

ISBN 978-3-7724-4461-6

Viele weitere Kreativ-Bücher findest du auf www.TOPP-kreativ.de

#TOPPPROJEKT

Die eigene Kreativität zeigen: TOPPprojekt mit anderen Kreativen teilen und Teil der Gemeinschaft werden.

DIY-begeistert und auf Instagram? Dann unbedingt mitmachen! Hier gibt's Tipps und Feedback zu den eigenen Projekten. Außerdem verlosen wir jeden Monat ein Überraschungspaket. Um am Gewinnspiel teilzunehmen, einfach ein Bild vom Kreativ-Projekt aus unseren Büchern mit #TOPPprojekt posten und unserem Account @frechverlag folgen. Mehr Infos auf TOPP-kreativ.de/TOPPprojekt

Mach mit beim

#TOPPPROJEKT

#TOPPprojekt
@frechverlag

Website
Auf TOPP-kreativ.de kannst du ein riesiges Angebot von über 1.000 Kreativbüchern, Sets & mehr entdecken.

Newsletter
Gleich anmelden unter: TOPP-kreativ.de/newsletter und immer als Erstes von unseren Neuheiten und Sonderaktionen erfahren.

Instagram
@frechverlag

Pinterest
pinterest.com/frechverlag

Facebook
facebook.com/frechverlag

DigiBib
Hier findest du zusätzlich zu vielen unserer Bücher digitale Extras, wie Video-Tutorials, Plotter-Dateien, Vorlagen, Übungsblätter & vieles mehr. Einfach im Impressum deines TOPP-Buchs den Freischalte-Code nachschlagen und exklusive Inhalte freischalten. TOPP-kreativ.de/digibib

Youtube
youtube.com/frechverlag

Du liebst kreative DIY-Ideen, probierst ständig neue Techniken und machst am liebsten alles selbst? Dann bist du vermutlich genauso bastelverrückt wie ich! Schon als Kind gab es für mich nichts Schöneres, als mit Säge, Nadel und Schere zu experimentieren. Und das ist bis heute so geblieben. Nach verschiedenen Stationen in der Medienbranche habe ich vor rund zehn Jahren meine Leidenschaft zum Beruf gemacht. Inzwischen sind zahlreiche DIY-Bücher mit meinen Ideen erschienen. Und auch im Fernsehen gab es von mir schon Tipps und Tricks. Am meisten genieße ich aber das gemeinsame Basteln mit Kindern, Nachbarn und Freunden. Dann gibt es auch für mich noch viel zum Staunen.

impressum

FOTOS: frechverlag GmbH, 70839 Gerlingen; lichtpunkt, Michael Ruder, Stuttgart
MODELLE: Susanne Pypke
ILLUSTRATIONEN: schwab:illustrationen
PRODUKTMANAGEMENT: Melissa Portz
COVERGESTALTUNG: Melanie Herrmann
HERSTELLUNG: Heike Köhl
SATZ: Fotosatz H. Buck
DRUCK: Neografia, Slowakei

Penguin Random House Verlagsgruppe
FSC® N001967

1. Auflage 2023

ISBN 978-3-7358-9111-2 • Best.-Nr. 29111

Service-Hotline

Haben Sie Fragen oder gibt es ein Problem? Wir helfen Ihnen gern. Rufen Sie uns an oder schreiben Sie eine E-Mail:

Telefon: 0711 / 123 757 20*

*normale Telefongebühren

E-Mail: hilfe@frechverlag.de

Weitere Informationen zum Verlag und zu unserem gesamten Programm finden Sie unter: www.topp-kreativ.de